LA REFORMA PROTESTANTE

La respuesta a los abusos del catolicismo

Por Jonathan Bloch y Laury André
En colaboración con Ludivine Péchoux
Traducido por Laura Soler Pinson

Historia en50MINUTOS.es

LA REFORMA

- **¿Cuándo?** La Reforma protestante empieza en 1521 y se extiende durante todo el siglo XVI.
- **¿Dónde?** En Alemania, en Benelux, en Francia, en Gran Bretaña, en Escandinavia y en Suiza.
- **¿Contexto?** La corrupción de la Iglesia católica y el oportunismo de los príncipes favorecieron el auge de tres movimientos cristianos críticos (el luteranismo, el calvinismo y el anglicanismo), que rechazan la autoridad del papa y proponen una reforma del clero y una reorganización teológica del culto.
- **¿Principales protagonistas?**
  - Erasmo, canónigo agustino holandés, príncipe de los humanistas (1467-1536).
  - Tomás Moro, canciller de Inglaterra (1478-1535).
  - Martín Lutero, monje agustino alemán y teólogo de Wittenberg (1483-1546).
  - Ulrico Zuinglio, capellán y predicador suizo (1484-1531).
  - Juan Calvino, reformador francés (1509-1564).
- **¿Repercusiones?** El auge del protestantismo provoca como respuesta un movimiento de Contrarreforma muy importante dentro de la Iglesia católica. Las repercusiones serán amplias y generarán sobre todo el desarrollo del movimiento laico en Europa.

Por lo general, los historiadores llaman Reforma protestante al nacimiento de tres movimientos religiosos cristianos (luteranismo, calvinismo y anglicanismo) que, en el siglo XVI, rechazan la autoridad del papa y proponen una profunda reorganización del clero y del culto cristiano. Esta reforma se implanta sobre todo en Alemania, en Benelux, en Francia, en Gran Bretaña, en Escandinavia y en Suiza. Las repercusiones de este acontecimiento serán a menudo dramáticas y sangrientas a causa de su dimensión política: de hecho, este período es conocido por ser el de las guerras de religión.

Ante las revueltas determinadas de los protestantes, la Iglesia católica inicia un gran proyecto de Contrarreforma tras el Concilio de Trento (1545-1563), pero es incapaz de volver a someter los feudos protestantes a su autoridad espiritual. Con todo, los principados germánicos y el reino de Francia amenazan con saltar en pedazos por sus tensiones religiosas internas. Finalmente, el emperador Carlos V (1500-1558) y el rey Enrique IV (1553-1610) se ven obligados a tomar decisiones drásticas para la época. Uno concluye la Paz de Augsburgo (1555), mientas que el otro promulga el edicto de Nantes (1598), con lo que ambos dan prioridad a la razón de Estado por encima de las obligaciones religiosas. Es un primer paso hacia la laicización del Estado, aunque sus respectivos sucesores darán marcha atrás con frecuencia, con unos resultados que a veces serán desastrosos.

CONTEXTO

UNA CRISTIANDAD HETEROGÉNEA

Tal y como han destacado en sus trabajos en las últimas décadas varios historiadores, en particular Simon Ditchfield y Jean Delumeau, debemos desterrar la idea de que Europa está constituida por una cristiandad unida y sólida en los albores de la Reforma protestante. Al contrario, se trata de un mundo heterogéneo, donde todavía están muy presentes los elementos paganos. A ambos lados del Loira y del Rin, el cristianismo se vive de manera diferente, según la región. En efecto, el folclore difiere sensiblemente. Así, en las ciudades, los laicos se asocian en gremios, y cada una de esas corporaciones está protegida por un santo. Además, cada asociación dispone de un calendario propio de fiestas y de procesiones, independiente del calendario litúrgico. Esta situación permite que el protestantismo se vaya implantando de forma progresiva, sin encontrar la resistencia que un catolicismo uniforme podría haber planteado.

La Reforma protestante es una sacudida eléctrica. Las élites, tanto católicas como protestantes, observan que las masas escapan a su control. Por consiguiente, aunque conocemos los relatos de grandes misioneros jesuitas y franciscanos de los siglos XVI y XVII que atraviesan océanos para evangelizar a las poblaciones de América y de Asia, lo cierto es que una parte importante del trabajo misionero se centra en Europa, donde se advierte un movimiento de resistencia frente a la desaparición del antiguo folclore pagano.

EL MALESTAR DE LA IGLESIA CATÓLICA

Antes de que Martín Lutero, fundador del luteranismo, y Juan Calvino, fundador del calvinismo, ideen sus doctrinas religiosas, critiquen las prácticas del clero y rechacen la autoridad pontifical, la Iglesia católica ya pisaba arenas movedizas. Por lo tanto, la lucha protestante no consistirá en enfrentarse a un coloso terrorífico, sino más bien en quitarle la cachava a un anciano.

En efecto, desde el siglo XIV, la Iglesia católica se hunde en el fango de la corrupción y de las disputas políticas, sin un impulso espiritual innovador que la aúpe. Se encuentra con una serie de luchas internas, tanto ideológicas como institucionales, de las que nunca sale vencedora. Uno tras otro, los teólogos John Wyclif (1320-1384) y Jan Hus (1370-1415) critican la corrupción del clero y se preguntan acerca de su verdadera utilidad espiritual. Además, de 1378 a 1417, y de 1439 a 1449, la Iglesia es el epicentro de una lucha entre varios papas rivales que se excomulgan mutuamente. Incluso la figura soberana del pontífice se pone en entredicho, y de 1417 a 1439, este se sitúa bajo la autoridad del concilio ecuménico de los obispos, que en teoría debe reunirse cada cinco años.

Mientras tanto, las herejías populares se multiplican. Los valdenses, cuyo movimiento se inició en el siglo XII, resisten en el norte de Italia antes de atrincherarse más profundamente en los Alpes, a partir de 1460. En Inglaterra, los lolardos provocan tumultos durante todo el siglo XV. Además, la Iglesia lanza una serie de cruzadas consecutivas (1417-1437) contra los husitas, discípulos de Jan Hus, en Bohemia (actual Chequia). Su levantamiento provoca agitaciones en toda la cristiandad. Para acabar, la lucha contra los paganos de Lituania se eterniza y la ciudad de Constantinopla cae en manos de los turcos (1453).

MÚLTIPLES MOVIMIENTOS POPULARES

Los valdenses

Pedro Valdo, o Valdès (1140-1217), rico mercader nacido en Lyon, modifica drásticamente su tren de vida en 1175, tras una lectura personal de las Sagradas Escrituras. Vende sus riquezas, promueve que se traduzca la Biblia a la lengua popular y que todo el mundo la lea, y se convierte en el jefe de un movimiento laico de predicadores. Sin embargo, como en aquel momento se prohíbe a los laicos que prediquen o que lean el Evangelio, Pedro Valdo y sus discípulos, los valdenses, son excomulgados en el Concilio de Verona, en 1184. No obstante, su movimiento sobrevive y perdura a través de los siglos, a pesar de las violentas persecuciones a las que se enfrentan.

Los lolardos

A partir de 1382, el término «lolardo» —que viene de *lullen* («mascullar») — designa a modo de burla a los adeptos de John Wyclif. Estos se replantean la existencia del clero y critican el sistema de las indulgencias. Preconizan una redistribución de los bienes de la Iglesia y una vuelta a la vida mística. Hasta 1415, la Iglesia no condena y prohíbe formalmente los escritos de Wyclif, aunque Enrique IV (1367-1413), rey de Inglaterra, persigue a los lolardos desde el inicio de su reinado, en 1389.

Los husitas

Jan Hus, brillante teólogo de Bohemia, es el impulsor de reformas gubernamentales que favorecen el uso de la lengua checa en el ejercicio del poder en una Bohemia presa de una crisis de identidad. Sin embargo, también admira los escritos de Wyclif, y cuando se le cita para dar explicaciones por ello ante el Concilio de Constanza (1414-1418), en 1415, es quemado por hereje. Esto provoca inmediatamente una revuelta sin precedentes, con un fuerte carácter nacional. Los checos se sublevan contra la Iglesia, el orden establecido, y con ayuda de los valdenses, resisten con arrojo a los ataques externos: la guerra causa estragos de 1417 a 1437. Tras estos acontecimientos, Bohemia se convierte en un entorno favorable para la Reforma protestante.

La cristiandad solo avanza y gana terreno en España, a costa de los reinos musulmanes, en esa guerra interminable que conocemos como la Reconquista. Este conflicto, que se inicia en el año 722, termina en 1492, con la caída de Granada frente a los ejércitos coligados de Isabel de Castilla (1451-1504) y de Fernando de Aragón (1452-1516), esposos y aliados políticos y militares.

EL OPORTUNISMO DE LOS PRÍNCIPES

En el siglo XVI, el pueblo es demasiado supersticioso y no cuenta con la educación suficiente como para entender los desafíos reales de la Reforma y, además, el clero católico es demasiado débil como para hacer frente al movimiento de manera eficaz. Sin embargo, algunos príncipes perciben este cambio como una oportunidad. Para ellos, se trata de una baza ganadora, no solo para contrarrestar los intentos de centralización del poder, sino también para acallar las voces en desacuerdo. En Francia y en Alemania, varios de ellos adoptan el protestantismo: al declararse de una religión distinta a la de su soberano, refuerzan el particularismo regional de sus Estados. Esto llevará a diversos conflictos sangrientos. Se desatan las pasiones, se generaliza la violencia y Montaigne se lamenta: «Nuestra religión fue instituida para extirpar los vicios, mas sin embargo, los cubre, los engendra y los incita» (Montaigne 2003, libro II, cap. XII).

Pero, sin duda, el más sagaz de todos los príncipes es el rey de Inglaterra, Enrique VIII (1491 1547). Cuando estalla la Reforma protestante en 1521, empieza por condenarla, escribiendo incluso una obra, *Defensa de los siete sacramentos*, con la que el papa León X (1475-1521) lo proclama «defensor de la fe». Pero unos años más tarde entiende todo el potencial de la Reforma. En ese momento, no tiene dinero y, si desea negociar un aumento de impuestos con el Parlamento, tendrá que transigir proyectos de ley que socavarán su autoridad. Sin embargo, si se convierte en protestante, se podrán embargar todos los bienes del clero, que representan una fortuna considerable. Por lo tanto, en 1527,

Enrique VIII pide que se anule su matrimonio, consumado, con la princesa española Catalina de Aragón (1485-1536), a lo que el papa se niega. Enrique VIII usa este pretexto para proclamarse jefe supremo de la Iglesia de Inglaterra en 1534, es decir, un año después de haber contraído matrimonio con su amante Ana Bolena (1507-1536), y se adueña de las riquezas eclesiásticas.

EL COMERCIO DE LAS INDULGENCIAS

Incluso hoy en día, la Iglesia católica reconoce dos tipos de pecados: los pecados mortales, sin solución, y los pecados veniales. Aquel que comete un pecado mortal se ve condenado a la pena eterna y tendrá que ir al Infierno. Por el contrario, quien haya cometido un pecado venial debe ir al Purgatorio para expiar sus faltas, antes de poder entrar en el Paraíso. Por lo tanto, el culpable recibe una pena temporal, es decir, transitoria, que puede reducirse: un fiel puede pedir una remisión de la condena no solo para él mismo, sino también para un difunto. Esta rebaja se llama indulgencia.

La práctica de las indulgencias se remonta a los primeros siglos del cristianismo. Sin embargo, a principios del siglo XVI, se materializa con una transacción económica entre el fiel y la Iglesia que el primero paga. Así, a partir de 1507, con el fin de embellecer la basílica de San Pedro de Roma, el papa León X (1475-1521) vende indulgencias que son compradas con préstamos financieros.

LA SIMONÍA

La práctica que consiste en vender bienes con valor espiritual a cambio de dinero tiene un nombre preciso: la simonía. En los siglos XV y XVI, la simonía gangrena la Iglesia a todos los niveles. No solo permite comprar indulgencias, sino también cargos eclesiásticos. Un individuo condenado a peregrinar hasta un lugar santo por un agravio cometido puede igualmente pagar a alguien para que vaya en su lugar.

PROTAGONISTAS PRINCIPALES

ERASMO, CANÓNIGO AGUSTINO, PRÍNCIPE DE LOS HUMANISTAS

Retrato de Erasmo en 1523, del pintor alemán Hans Holbein el Joven.

Nacido en Róterdam en 1467, inicia sus estudios en la escuela de los Hermanos de la Vida Común, en Deventer. Se muda a Basilea en 1521, donde acaba una edición bilingüe (latín-griego) del Nuevo Testamento. En esta época, ya es el maestro del pensamiento humanista y es el punto central de la red de correspondencias llamada la República de las Letras.

Cuando Lutero inicia la Reforma protestante, Erasmo comparte algunas de sus ideas (en especial, que todo el mundo lea los Evangelios y que exista una integridad espiritual), pero defiende el catolicismo. Sin embargo, rechaza la mitra de cardenal. Su obra más famosa es el *Elogio de la locura*, publicada en 1509, dedicado a su amigo Tomás Moro.

Muere en la noche del 11 al 12 de julio de 1536.

TOMÁS MORO, CANCILLER DE INGLATERRA

Retrato de Tomás Moro en 1527, del pintor alemán Hans Holbein el Joven.

Tomás Moro, nacido en 1477, lleva a cabo brillantes estudios de derécho antes de convertirse en el canciller de Enrique

VIII en 1529. Participa en el movimiento humanista, entabla una amistad con Erasmo y redacta *Utopía* en 1516.

Cuando se estrena en el cargo de canciller, el rey de Inglaterra está iniciando el proceso de ruptura con Roma. Tomás Moro, defensor del catolicismo, no acepta esta situación y dimite en 1532. Dos años más tarde, se niega a reconocer a Enrique VIII como jefe supremo de la Iglesia de Inglaterra. Será ejecutado por ello en 1535.

MARTÍN LUTERO, MONJE AGUSTINO, TEÓLOGO DE WITTENBERG

Retrato de Martín Lutero en 1528, del pintor alemán Lucas Cranach el Viejo.

Lutero, nacido en 1483, es educado en la escuela de los Hermanos de la Vida Común, como Erasmo. En 1505, es presa de una profunda angustia acerca del sentido que se le puede dar a la vida. Para garantizar su salvación, entra en el convento de los Agustinos de Érfurt y va ascendiendo: es ordenado cura en 1507 y alcanza la posición de doctor en teología por la Universidad de Wittenberg en 1512. Sin embargo, vive con el miedo a un Dios vengador, mientras sueña con un Dios misericordioso. Todo su pensamiento teológico parte de esta esperanza fundamental.

Iniciador de la Reforma protestante, renuncia a sus votos monásticos, demuestra su vacuidad, ayuda a vaciar los monasterios y los conventos y se casa en 1525 con una antigua monja, Catalina de Bora (1499-1552), que le dará seis hijos. Pasa los últimos años de su vida difundiendo y dando forma a su doctrina, luchando contra sus discípulos desviados y contra el papado romano.

ULRICO ZUINGLIO, CAPELLÁN Y PREDICADOR

Retrato de Ulrico Zuinglio, del pintor suizo Hans Asper.

Ulrico Zuinglio, nacido en Suiza en 1484, es uno de los muchos admiradores de Erasmo. Tras la excomunión de Lutero (1521), predica la Reforma en Zúrich. Pero, al contrario que su mentor, no concibe la reforma religiosa sin una reforma social, y se convierte en un agitador belicoso. Intenta imponer la Reforma en Suiza a través de las armas y muere en plena contienda el 11 de octubre de 1531.

JUAN CALVINO, REFORMADOR FRANCÉS

Retrato de Juan Calvino atribuido al pintor alemán Hans Holbein el Joven.

Juan Calvino, nacido en 1509, disfruta desde los doce años de las ventajas eclesiásticas que le ayudan a pagar sus estudios en el colegio de Montaigu, donde se aplica la pedagogía de los Hermanos de la Vida Común. Allí obtiene un saber enciclopédico acerca de autores antiguos y de la patrística medieval. A continuación, su padre lo incita a iniciar estudios de derecho, pero cuando este muere, en 1531, Juan Calvino se ve liberado de esta obligación.

En 1533, se convierte y decide consagrar su vida a Dios. Abraza el protestantismo y escribe *La institución de la religión cristiana* (1536), obra con la que se corona como promesa del movimiento. Fallece en 1564 en Ginebra, donde previamente instaura una república teocrática e intransigente.

LA REFORMA

PAÍSES BAJOS: LA *DEVOTIO MODERNA* Y LOS HERMANOS DE LA VIDA COMÚN

En el siglo XIV, la teología especulativa de las élites universitarias no hace más que alejarse de la vivencia espiritual del pueblo por su nivel de ciencia y de complejidad, y el universitario holandés Gerardo Groote (1340-1384) ya percibe la desavenencia. Para reconciliar la alta teología y la vivencia religiosa, Groote, contemporáneo de Wyclif, propone una espiritualidad que se centra en la introspección, a la que llama *devotio moderna*. Sostiene que la unión con Cristo no es una cuestión de liturgia o de estudios avanzados, sino más bien de una evolución interna y de una sencillez del alma. Su pensamiento se basa en gran parte en las enseñanzas de san Agustín (354-430) y de san Bernardo (1090-1153). Pero los miembros más eminentes del clero no se suman al movimiento de reconciliación.

Cuando Groote muere, su principal discípulo, Florencio Radewijns (1350-1400), crea la comunidad de los Hermanos y las Hermanas de la Vida Común, en Deventer, en Zwolle y en Windesheim. Logra que el obispo de Utrecht reconozca en 1423 esta comunidad religiosa, que aumenta su importancia y abre una escuela primaria. Sin embargo su éxito se debe sobre todo a la publicación de una pequeña obra, *Imitación de Cristo* (1424), atribuida a Tomás Kempis (1379-1471), que presenta las bases de la *devotio moderna*.

ALEMANIA: LAS 95 TESIS DE LUTERO (1517-1521)

Cuando el joven teólogo Martín Lutero va a Roma en 1510-1511, efectúa una reflexión espiritual que va formando y ordenando sus ideas. Se obsesiona con la cuestión de la salvación de su alma y, en 1517, redacta sus 95 tesis en las que denuncia los abusos del comercio de las indulgencias. Aunque no cuestiona su principio, critica sobre todo el poder excesivo que se les atribuye: ¿qué ocurre con el remordimiento y el arrepentimiento, si se puede comprar el Paraíso? También ataca directamente la simonía del papa y la construcción de la basílica de San Pedro, erigida gracias a los ingresos percibidos.

Mientras que las tesis de Lutero se extienden por toda Europa, León X, que no puede perder su prestigio, promulga una bula en 1520, *Exsurge Domine*, en la que las condena e exige a Lutero que se retracte. Este último, mostrando una total indiferencia hacia esta orden, quema la bula en la plaza pública.

Tras el comercio de las indulgencias, también se centra en la crítica del clero regular. Mientras predica el sacerdocio universal y critica la autoridad de los curas, demuestra la aberración de los votos monásticos. Así, contribuye a vaciar una gran cantidad de conventos y de monasterios, cuyos bienes serán embargados por los príncipes que prometen proteger al teólogo rebelde. Lutero, convencido de que el poder espiritual no debe interferir bajo ningún concepto en el ejercicio del poder temporal, apenas se preocupa por estos expolios. Cuando se le convoca a la Dieta de Worms, en 1521, vuelve a defender sus ideas. Entonces, el emperador Carlos V lo destierra del Imperio, pero Lutero no se inmuta: el príncipe elector y conde palatino de Sajonia, Federico III, llamado el Sabio (1463-1525), lo pone a buen recaudo.

EL EVANGELISMO Y LOS PRINCIPIOS DEL PROTESTANTISMO

A Lutero no le basta con tener poderosos aliados políticos, sino que también debe poder legitimar su rebelión. Para ello, argumenta que existe una autoridad superior a la del papa y a la de la Iglesia: la de los Evangelios. Considera que la persona que razone de manera clara partiendo de las Sagradas Escrituras no podrá incurrir en el error. Esa es la razón por la que pide que todo el mundo lea el Nuevo

Testamento y, por lo tanto, lo traduce del griego al alemán, para publicarlo en 1522. A continuación, traduce del hebreo el Antiguo Testamento y lo publica en 1534. De hecho, su Biblia está considerada en la actualidad como una obra fundadora del alemán moderno.

Además de este importante trabajo de traducción, determina los cinco principios fundamentales, o *solae*, en los que se basa la salvación del hombre:

* *sola scriptura*. Lutero determina que no hay mayor autoridad que la de las Sagradas Escrituras. Por consiguiente, la del papa es inexistente y está vacía de sentido;
* *sola fide*. Lutero niega la importancia de las buenas obras: no es importante vivir según la moral, sino vivir en la fe, puesto que solo la fe puede salvarnos;
* *sola gratia*. Lutero también afirma que el hombre no puede diseñar su propia salvación. Solo Dios dispensa la gracia y solo él escoge al que será salvado;
* *solus Christus*. Solo ha habido un intercesor entre los hombres y Dios: Cristo. Con su muerte y su resurrección, Cristo, a la vez hombre y Dios, ha salvado a los hombres de la furia divina;
* *soli Deo gloria*. Para acabar, Lutero proscribe cualquier otro culto que no sea a Dios: se prohíbe rezar a los santos, puesto que no son de ninguna ayuda. Solo se puede tener fe en el Señor.

Lutero se desmarca del culto católico y firma la ruptura al establecer estos principios.

Lutero cuestiona el orden establecido dentro de la Iglesia, pero, obstinado, se niega a criticar el orden social y a poner en entredicho a la nobleza. Así, condena con firmeza las revueltas campesinas favorecidas por el auge de los anabaptistas (1524-1526), e incluso recomienda su represión sin piedad. El reformador suizo Ulrico Zuinglio le reprochará fuertemente esta actitud.

Los anabaptistas son reformadores protestantes que llevan hasta el extremo la lógica de Lutero. En efecto, si el hombre solo puede alcanzar la fe a través de la lectura personal de los Evangelios, entonces el bautizo que recibió siendo niño no es de ninguna manera positivo, puesto que este no se basa en ningún consentimiento. Por ende, los anabaptistas preconizan un segundo bautizo, en edad adulta, y los más radicales piden incluso la prohibición de bautizo de los niños.

DEBATE SOBRE EL LIBRE ALBEDRÍO Y LA VOLUNTAD DETERMINADA (1524-1526)

Cuando estalla la Reforma protestante, Erasmo dispone de una autoridad intelectual reconocida a escala internacional. En algunos puntos, el príncipe de los humanistas se une a las ideas de Lutero, puesto que coinciden con las suyas. En efecto, Erasmo defiende que todo el mundo lea los Evangelios, incluidas las mujeres. No obstante, no puede apoyar los métodos impetuosos empleados por Lutero y, a partir de 1520, publica su *Lamento de la paz*, obra en la que sueña con una gran Europa unida por el cristianismo.

Erasmo también se aparta de las teorías de Lutero sobre el libre albedrío. Efectivamente, piensa que hay que llevar una existencia basada en los preceptos morales: el hombre debe usar su voluntad para acometer buenas obras, y así obtendrá la gracia de Dios. Con respecto a esto, elabora un tratado en 1524, al que Lutero contesta un año después con *La voluntad determinada*. Este último tratado adelanta la teoría de la predestinación tal y como la pondrá a punto más tarde Calvino y según la cual todo lo que le sucede al hombre ha sido decidido por Dios en el momento de la Creación, por lo que cada una de sus acciones es la expresión de la voluntad divina. Así, Lutero se mantiene firme en sus principios y sigue afirmando que el hombre no desempeña ningún papel en su propia salvación, y que, por lo tanto, no importa si vive según la moral; solamente debe vivir en la fe. Además, insulta abiertamente a Erasmo, de quien critica el amor por las obras paganas antiguas. Lo tacha de epicúreo y de escéptico, y señala en él una falta de personalidad y de convicción.

En 1526, Erasmo responde punto por punto a las críticas de Lutero en su *Hyperaspistes* en dos volúmenes, y concluye poniendo en entredicho la autoridad de su antagonista en cuestiones teológicas, dado que, visiblemente, este último ha perdido el control sobre su propio movimiento, en el que no dejan de surgir disputas.

ALEMANIA: LA *CONFESIÓN DE AUGSBURGO* (1530)

Entre 1520 y 1530 se vuelve más visible la fractura entre católicos y protestantes. No obstante, los luteranos no desean fundar una nueva Iglesia, puesto que se ven más como los reformadores de la antigua. Por lo tanto, no existe un deseo real de cisma en la base del pensamiento protestante, aunque Lutero se haya situado fuera de la Iglesia *ipso facto* al enfrentarse al papa.

Cuando Carlos V convoca una nueva dieta en Augsburgo en 1530 para solucionar los problemas políticos que ocasiona el protestantismo, Lutero, debido a su destierro de 1521, no está autorizado a asistir. Sin embargo, envía a su discípulo, Philipp Melanchthon (1497-1560). Durante la asamblea, este explica la causa protestante con la *Confesión de Augsburgo*, que se convierte en el texto fundador del movimiento. De nuevo, Carlos V condena a los luteranos y prohíbe la conversión a sus ideas. Entonces, se encuentra con la resistencia de los príncipes germánicos, que ya se han convertido, con el poderoso duque Felipe I de Hesse (1504-1567) a la cabeza. Juntos fundan la Liga de Esmalcalda en 1531 y declaran abiertamente la guerra al emperador en 1545.

Melanchthon leyendo la Confesión de Augsburgo ante Carlos V.

La Confesión de Augsburgo

La *Confesión de Augsburgo* se divide en dos partes. La primera trata cuestiones sobre doctrina y demuestra que los protestantes comparten el ideal de una Iglesia cristiana universal; la segunda habla sobre prácticas culturales (matrimonio de los curas, misa, confesiones, etc.). Así, el texto tiene como objetivo una reconciliación entre protestantes y católicos.

En 1555, la *Confesión de Augsburgo*, tal y como se redactó en 1530, se convierte en la profesión de fe oficial de la Iglesia luterana.

FRANCIA: DEL ASUNTO DE LOS PASQUINES AL EDICTO DE FONTAINEBLEAU (1534-1540)

En un primer momento, el luteranismo afecta solo a Alemania y, por supuesto, Francisco I (rey de Francia, 1494-1547) está al tanto de la situación. Está encantado por el auge del movimiento, puesto que puede cambiar las cosas hacia su favor. Candidato derrotado en la elección imperial frente a Carlos V en 1519, ahora contempla una alianza con los nuevos príncipes protestantes para luchar contra la influencia de su adversario, que entre sus ambiciones tiene la de arrebatar los condados de Artois y de Flandes al reino de Francia para integrarlos en el Sacro Imperio. Pero durante la noche del 17 de octubre de 1534, se fijan por las calles de París y en otras ciudades francesas tesis protestantes agitadoras e injuriosas. Estos panfletos logran fraguarse un camino incluso hasta la puerta de la habitación del rey. Cuando este los lee, se radicaliza, confiesa su fe católica y ordena que se lleven a cabo ejecuciones para reprobar el movimiento. Varios protestantes, entre los que se encuentra Juan Calvino, deciden entonces exiliarse. En 1540, Francisco I condena formalmente el luteranismo a través del edicto de Fontainebleau y ordena el arresto de todos sus discípulos.

INGLATERRA: DEL ACTA DE SUPREMACÍA A LA CONFESIÓN DE WESTMINSTER (1535-1563)

En 1535, Enrique VIII, a través del Acta de Supremacía, se declara único gobernador de la Iglesia de Inglaterra y convierte el anglicanismo en la religión oficial. Sin embargo, su reforma, que se sitúa al margen del luteranismo y es puramente política, no aporta ninguna novedad fundamental y no trata ninguna problemática teológica: la liturgia y el culto católico se conservan en su totalidad, y solamente cambia el jefe de la Iglesia. En el norte, esto provoca algunas revueltas por parte de una importante franja de la población que depende de la generosidad de los monasterios. La represión surge como respuesta inmediata. Así, Tomás Moro es ejecutado en la plaza pública por haber abandonado su cargo de canciller, por haberse negado a participar en el expolio de los bienes monásticos y por haber rechazado la autoridad de Enrique VIII a la cabeza de la Iglesia de Inglaterra.

Bajo el reinado de Eduardo VI (1537-1553), que hereda el trono de su padre, Inglaterra se desvía completamente del catolicismo y adopta varias prácticas protestantes, como la comunión bajo las dos especies (pan y vino) para los laicos, la disolución de las capillas y el matrimonio de los curas. Pero entre los planes de María Tudor (1516-1558), que toma el trono tras su hermano menor, está el de restaurar el catolicismo. Hija de Catalina de Aragón, puede contar con la alianza de su primo, el emperador Carlos V, y del hijo de este, Felipe II de España (1527-1598), cuando este le sucede en 1555. Sin embargo, el reinado de María Tudor es corto y no se completa su restauración. Salpicada por su violenta represión del culto protestante, es apodada María la Sanguinaria (*Bloody Mary*). Es Isabel I (1533-1603), la hija de Ana Bolena, quien la sucede en el trono de Inglaterra. Esta restablece rápidamente el culto protestante a través de la Confesión de Westminster (1563) que funda realmente la Iglesia anglicana.

SUIZA: LA REPÚBLICA TEOCRÁTICA DE GINEBRA (1541-1564)

Junto con Alemania, Suiza es uno de los primeros países en vivir la Reforma protestante, puesto que está situada en el Sacro Imperio. Así, cuando Juan Calvino llega a Suiza, encuentra una tierra de acogida. Guillaume Farel (1489-1565), que por aquel entonces organiza el movimiento en Ginebra, lo invita a participar en su proyecto. Poco a poco, el antiguo jurista francés se convierte en uno de los grandes pensadores del protestantismo gracias, sobre todo, a la *Institución de la religión cristiana*, una obra que perfeccionará a lo largo de toda su vida y que le dará la fama.

Calvino acepta participar, pero es desterrado de Ginebra en 1538, al igual que Farel. No obstante, se autoriza su vuelta en 1541. Enseguida promulga las ordenanzas eclesiásticas y gobierna la ciudad burguesa como un tirano. Impone leyes puritanas, crea instituciones de control de la población y hace lo que puede para que ningún rival pueda oponérsele, llegando incluso a ejecutar a sus contrincantes. En definitiva, instaura una auténtica teocracia sobre la que ejerce una especie de influencia espiritual y moral que, a pesar de todo, contribuye a darle a Ginebra una proyección internacional. Para algunos, Ginebra pasa a ser rápidamente la nueva Jerusalén. Por lo demás, los preceptos de Calvino alcanzan un gran prestigio internacional y son adoptados por numerosos hogares protestantes por toda Europa.

REPERCUSIONES

DE LAS GUERRAS DE RELIGIÓN A LA PAZ SOCIAL: HACIA EL IDEAL DE TOLERANCIA

Tanto a Carlos V como a Francisco I les parece inaceptable el auge del protestantismo, por lo que ambos promulgan edictos de intolerancia religiosa. Pero la doctrina ofrece numerosas ventajas a los príncipes, que se convierten en masa, enfrentando al emperador y al rey, a un lado y a otro del Rin, a movimientos organizados de revuelta de la nobleza.

Sin embargo, en 1555, Carlos V, que sueña con el ideal del bien común, decide pacificar el imperio antes de abdicar. A través de una nueva dieta de Augsburgo, declara que los príncipes territoriales —solamente ellos, no sus súbditos— poseen la libertad de conciencia, según el refrán latino *cuius regio, eius religio* («a cada rey su religión»). Pero a partir del siglo siguiente, la guerra de los Treinta Años (1618-1648) opone de nuevo a príncipes católicos y protestantes. Por lo tanto, la reconciliación iniciada no tenía en ningún caso un carácter definitivo.

En Francia, a pesar de las recomendaciones de Francisco I y de su edicto de Fontainebleau, no se persigue el protestantismo en el reino, y los príncipes que se han convertido se hacen llamar los hugonotes. Pero en la noche del 24 de agosto de 1572, cuando estos se encuentran en París para festejar el matrimonio de uno de ellos, Enrique de Navarra, con la nieta de Francisco I, Margarita de Valois (1533-1615), son brutalmente asesinados. Este acontecimiento se conoce como la matanza de San Bartolomé.

La matanza de San Bartolomé

Carlos V incorpora los condados de Flandes y de Artois al Sacro Imperio en 1525, pero el rey de Francia no renuncia a estos feudos que están bajo la jurisdicción de su reino.

En 1566, el protestantismo provoca revueltas en Flandes. El almirante Coligny (1519-1572), príncipe protestante y favorito del rey Carlos IX (1550-1574), ve en este acontecimiento una oportunidad: si Francia apoya la revuelta protestante, podrá reconquistar los condados perdidos. No obstante, esto implica entrar en guerra con el conde de Flandes y de Artois, Felipe II. No obstante, el duque de Guise (1549-1588), príncipe católico, ve con muy malos ojos la idea de luchar contra un rey de su propia confesión. Por ende, ordena el asesinato del almirante Coligny para impedir la guerra.

El 22 de agosto, se produce un primer intento de asesinato de Coligny, pero este consigue escapar. La noche del 23 al 24 de agosto, el consejo real decreta su ejecución. Su muerte se produce al mismo tiempo que la masacre de los gentilhombres hugonotes, que han llegado para asistir al matrimonio de Enrique de Navarra. La violencia se generaliza y poco a poco se extiende por las calles de París y por otras ciudades de las provincias.

Representación de la matanza de San Bartolomé según el pintor François Dubois, que se encuentra en el Museo Cantonal de Bellas Artes de Lausana, Suiza.

Cuando el último nieto de Francisco I muere en 1589 sin heredero, se llama a Enrique de Navarra al trono. Es el último descendiente de san Luis (rey de Francia, 1214-1270) por vía patrilineal. Enrique de Navarra, que se transforma en Enrique IV, se convierte al catolicismo para llevar la corona, pero a través del edicto de Nantes, reconoce la libertad de culto de sus súbditos protestantes a cambio de su discreción y respetando ciertas condiciones. En 1685, Luis XIV (1638-1715), su nieto, a quien se le hace creer que ya no hay protestantes en Francia, revoca el edicto de Nantes y firma un nuevo edicto de Fontainebleau, que alberga el mismo contenido que el anterior. Como consecuencia, se persigue a los protestantes de Francia y se priva al reino de su importante fuerza comercial.

La política de tolerancia de Carlos V y de Enrique IV no

continúa con sus sucesores, por lo que Europa vuelve a sufrir muchos males vinculados a las guerras de religión durante el siglo XVII.

En definitiva, habrá que esperar al siglo XVIII, es decir, el Siglo de las Luces, para que el ideal de tolerancia sea objeto de reflexiones maduras y sirva de base para la legitimidad política.

LA CONTRARREFORMA CATÓLICA

Dado que los protestantes se atribuyen el papel de reformadores de la Iglesia sin que nadie los haya invitado, el papado instaura una reforma institucional oficial llamada la Contrarreforma. Organiza un concilio ecuménico en Trento entre 1545 y 1563, cuyo principal objetivo es exponer lo equivocadas que están las nuevas doctrinas luteranas, calvinistas y anglicanas, así como reafirmar la validez de los dogmas católicos. Pero aún más, se implementan varias estrategias para asegurar la base católica en la población. Con respecto a esto, la arquitectura barroca, muy común en aquella época, se usa como un auténtico proyecto de propaganda: cuando el fiel entra en la iglesia, debe sentirse maravillado con la casa de Dios y su fe debe verse reforzada en esta fascinación. Por el contrario, los protestantes prefieren las iglesias sobrias, en las que nada distraiga al creyente durante sus oraciones.

En paralelo, se crean nuevas órdenes religiosas. Entre las más famosas, citaremos la de los jesuitas, fundada en 1540. Los compañeros de Jesús, importantes intelectuales, lideran las críticas contra el pensamiento protestante y pronto llevan a cabo misiones de evangelización no solo en ultramar, sino también a través de toda Europa. Mientras tanto, la inquisición española refuerza sus medios y vela por la ortodoxia religiosa con mano de hierro. En Italia y en España, el movimiento protestante no tendrá apenas eco.

LA FRACTURA NORTE-SUR

El protestantismo se implanta principalmente en el norte de Europa, en particular en los países de cultura anglosajona, germánica y escandinava. Los países latinos y eslavos (con la notable salvedad de Bohemia) se parapetan detrás de la lealtad católica. Esto provoca una especie de fractura norte-sur en Europa, donde las regiones multiculturales, como Suiza o Benelux, sirven de mediadoras.

Basándose en estos datos, el sociólogo Max Weber (1864-1920) añade que la fractura religiosa se vio agravada por una fractura económica. Observa que los países protestantes, en particular los calvinistas, iniciaron con mejor pie el paso a la era industrial y capitalista por razones ideológicas. Aunque los calvinistas conciben que solo Dios puede otorgar la gracia y que, por lo tanto, es inútil efectuar buenas obras, por otro lado condenan con firmeza la holgazanería: el trabajo es la señal de estar en la gracia de Dios y nadie puede acomodarse. Esto es lo que nos presenta la teoría de la predestinación.

EL BENELUX EN EL OJO DEL HURACÁN

En el siglo XVI, el Benelux está incluido en un conjunto

territorial llamado las Diecisiete Provincias, que reúnen aproximadamente Bélgica, Luxemburgo, los Países Bajos y el departamento francés Nord-Pas-de-Calais. Se trata de toda una retahíla multicultural de principados que pertenecían al emperador Carlos V. En 1548, este crea el Círculo de Borgoña: a partir de ese momento, las Diecisiete Provincias conforman un territorio indivisible y casi autónomo, integrado en el Sacro Imperio.

Felipe II, rey de España, hereda las Diecisiete Provincias en 1556. Las ve como una región satélite y, al contrario que su padre, ignora sus particularidades. El calvinismo se fragua un camino hasta los Países Bajos españoles y, en 1566, estalla una revuelta iconoclasta contra el culto a los santos católicos, cuyas representaciones se destruyen. Inmediatamente, Felipe II instaura un Tribunal de los Tumultos, apodado Tribunal sangriento, para solucionar las diferencias religiosas. Se ejecuta a nobles locales muy importantes que han liderado la revuelta, y esto agrava la situación.

En 1579, siete de las Diecisiete Provincias firman la Unión de Utrecht, forman la coalición de las Provincias Unidas y declaran su independencia como república calvinista burguesa. Estas Provincias Unidas (los Países Bajos actuales) bloquean el estuario del Escalda y es Ámsterdam en lugar de Amberes la nueva capital portuaria del norte de Europa. El auge económico que conocen estas siete provincias a partir de este momento no tiene precedentes, y los historiadores hablan de ello como de un siglo de oro. Por el contrario, las regiones leales a Felipe II y a sus sucesores atraviesan un siglo de profundas agitaciones.

Entre el norte y el sur de las Diecisiete Provincias, la guerra perdura hasta el Tratado de Westfalia (1648), que acaba igualmente con la guerra de los Treinta Años.

EN RESUMEN

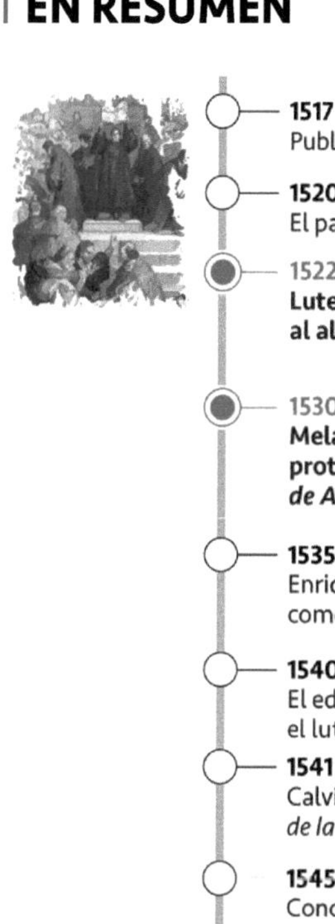

1517
Publicación de las 95 tesis de Lutero

1520
El papa León X condena los escritos de Lutero

1522
Lutero traduce el Nuevo Testamento al alemán

1530
Melanchthon explica la causa protestante a través de la *Confesión de Augsburgo*

1535
Enrique VIII declara el anglicanismo como religión oficial de Inglaterra

1540
El edicto de Fontainebleau condena el luteranismo en Francia

1541
Calvino publica la *Institución de la religión cristiana*

1545-1563
Concilio de Trento

1555
Se firma la paz de Augsburgo entre los luteranos y los católicos en el Sacro Imperio

1598
Enrique IV promulga el edicto de Nantes, revocado en 1685

- En las últimas décadas del siglo XIV, dos teólogos, John Wyclif y Gerardo Groote, se dan cuenta de hasta qué punto la teología especulativa ha alejado a la Iglesia de los problemas relacionados con la vivencia espiritual. Mientras que John Wyclif critica la utilidad del clero y ve cómo sus escritos son condenados de manera póstuma, los discípulos de Groote trabajan de forma inteligente con la jerarquía eclesiástica y permiten que perdure su congregación de los Hermanos y las Hermanas de la Vida Común. No obstante, será precisamente en sus escuelas y según sus preceptos didácticos donde serán educados los mayores pensadores de la Reforma protestante, Lutero y Calvino, y el humanista Erasmo.

- A principios del siglo XVI, las derivas de la Iglesia alcanzan su punto álgido cuando el papa León X vende indulgencias para construir la basílica de San Pedro de Roma. Entonces, se desarrollan el anticlericalismo y el antipapismo a costa de una Iglesia que parece estar preocupada únicamente por el lucro.

- En 1517, Lutero ataca la simonía del papa y propone una reforma del clero redactando para ello 95 tesis. El papa le ordena que se retracte, amenazándolo con la excomunión, con la bula *Exsurge Domine*. Como respuesta, Lutero quema la bula y se refugia en casa del conde palatino de Sajonia. Desde este feudo, el teólogo de Wittenberg inicia su propia reforma. Aunque convierte varios príncipes germánicos a sus principios, su proyecto no alcanza a tocar a todos los intelectuales de la época. De hecho, Erasmo se enfrenta a él en varios puntos y le reprocha particularmente su impetuosidad.

- Los distintos reformadores protestantes divergen en

sus opiniones. Sin embargo, fuera de la ideología dominante de Lutero, solo la de Calvino logra realmente desmarcarse y conocer una proyección internacional. El luteranismo se implanta principalmente en el norte de Alemania y en Escandinavia, mientras que el calvinismo se extiende por Suiza, los Países Bajos e Inglaterra. Por su parte, Francia se debate durante mucho tiempo entre el protestantismo y el catolicismo. Algunos principados de Alemania, como Baviera, rechazan vehementemente convertirse a la Reforma protestante.

• El auge del protestantismo provoca importantes fracturas sociales dentro de los Estados principescos de Europa. Para resolver los problemas civiles que generan, las autoridades disponen de tres métodos: condenar, dividir en compartimentos o tolerar el protestantismo. No obstante, a largo plazo, solo esta última solución resultará viable. Los filósofos del Siglo de las Luces lo pondrán de manifiesto, sobre todo cuando permitan que triunfe la razón sobre la pasión religiosa. Por consiguiente, aunque el protestantismo haya querido sobre todo reformar la Iglesia, su desarrollo ha tenido como consecuencia principal la lenta laicización de los Estados, preocupados por mantener la paz civil.

¡Tu opinión nos interesa!
¡Deja un comentario en la página web de tu librería en línea,
y comparte tus favoritos en las redes sociales!

PARA IR MÁS ALLÁ

FUENTES BIBLIOGRÁFICAS

- Besnard, Philippe. 1970. *Protestantisme et capitalisme: la controverse post-weberienne*. París: Armand Collin, colección *U*.
- Boucheron, Patrick. 2009. *Histoire du monde au XVe siècle*. París: Fayard.
- Chelini, Jean. 1970. *Histoire religieuse de l'Occident médieval*. París: Armand Collin, colección *U*.
- Colectivo. 1995. *Histoire du christianisme en Suisse: une perspective œcuménique*. Friburgo: Labord et Fides-Saint-Paul.
- Colectivo. 1988. *Histoire de la France religieuse. Du christianisme flamboyant à l'aube des Lumières: XIVe-XVIIIe siècle*. Editado por Jacques Le Goff y René Rémond. París: Seuil.
- Delumeau, Jean. 1977. *Le christianisme va-t-il mourir?* París: Hachette.
- Ditchfield, Simon. 2010. "Decentering the catholic reformation: papacy and peoples in the early modern world". *Archive for reformation history*, 101, 186-208.
- Dubief, Henri y Jacques Poujol. 2005. *La France protestante. Histoire et lieux de mémoire*. París: Éditions de Paris — Éditions La Cause.
- Febvre, Lucien. 1968. *Le problème de l'incroyance au XVe siècle: la religion de Rabelais*. París: Albin Michel, colección *L'évolution de l'humanité*.
- Gonnet, Jean y Amedeo Molnar. 1974. *Les Vaudois au Moyen âge*. Turín: Claudiana.

- Goosens, Alice. 1997. *Les inquisitions modernes dans les Pays-Bas méridionaux. 1520-1633*. Bruselas: Université libre de Bruxelles.
- Gourevitch, Aaron J. 1996. *La culture populaire au Moyen âge*. París: Aubier.
- Halkin, Léon-É. 1987. *Érasme parmi nous*. París: Fayard.
- Hillerbrand, Hans J. 1996. *The Oxford encyclopedia of the Reformation*. Nueva York-Oxford: Oxford University Press.
- Janssens, Paul. 2006. *La Belgique espagnole et la principauté de Liège (1585-1715)*. Bruselas: Renaissance du livre.
- Léa, Henry Charles. 1906. *A history of the Inquisition in the Middle Ages*. Nueva York: Macmillan.
- Le Goff, Jacques. 1981. *La naissance du Purgatoire*. París: Gallimard.
- Léonard, Émile G. 1950. *Histoire du protestantisme*. París: PUF, colección *Que sais-je?*
- Léonard, Émile G. 1961-1964. *Histoire générale du protestantisme*. París: Presses universitaires de France.
- Lienhard, Marc. 1983. *Martin Luther: un temps, une vie, un message*. París-Ginebra: Le Centurion-Labor & Fides.
- Miquel, Pierre. 1980. *Les guerres de religion*. París: Fayard.
- de Negroni, Barbara. 1996. *Intolérances. Catholiques et protestants en France: 1560-1787*. París: Hachette.
- Pezet, Maurice. 1976. *L'épopée des Vaudois : Dauphiné, Provence, Languedoc, Piémont, Suisse*. París: Seghers.
- Pollet, J. V. 1988. *Huldrych Zwingli: biographie et théologie*. Ginebra: Labor & Fides.
- Prestwich, Menna. 1985. *International calvinism: 1541-1715*. Oxford: Clarendon Press.

- Puyo, Jean. 1998. *Jan Hus*. París: Desclée de Brouwer.
- Thomson, John A. F. *The later lollards. 1414-1520*. Oxford: Oxford University Press.
- Tüchle, Hermann, C. A. Bouman y Jacques Le Brun. 1968. *Nouvelle histoire de l'Église. Réforme et Contre-réforme*. París: Seuil.
- Vaneigem, Raoul. 1994. *Les hérésies*. París: PUF, colección *Que sais-je?*
- Vénard, Marc. 1967. *Le monde et son histoire. Les débuts du monde moderne*. París: Bordas-Laffont.
- Weber, Max. 2008. *L'éthique protestante et l'esprit du capitalisme*. París: Gallimard.
- Wirth, Jean. 1979. "Le mythe du jeune Luther". *Journal des savants*, 207-234.
- Wolff, Philippe. 2001. *Histoire des protestants en France. De la Réforme à la Révolution*. Toulouse: Privat.
- Zuinglio, Ulrico. 1980. *De la justice divine et de la justice humaine*. París: Beauchesne.

FUENTES COMPLEMENTARIAS

- Calvino, Juan. 2008. *Institution de la religion chrétienne*. Ginebra: Droz.
- Erasmo. 1992. *Œuvres et correspondances*. París: Laffont.
- Lutero, Martín. 1957-2001. *Œuvres*. Ginebra-París: Labor & Fides.
- de Montaigne, Michel. 2003. *Ensayos*. Traducido por Constantino Román Salamero. Alicante: Biblioteca Virtual Miguel de Cervantes.
- Moro, Tomás. 1978. *L'Utopie*. París: Mame.

FUENTES ICONOGRÁFICAS

- Retrato de Erasmo en 1523, del pintor alemán Hans Holbein el Joven. La imagen reproducida está libre de derechos.
- Retrato de Tomás Moro en 1527, del pintor alemán Hans Holbein el Joven. La imagen reproducida está libre de derechos.
- Retrato de Martín Lutero en 1528, del pintor alemán Lucas Cranach el Viejo. La imagen reproducida está libre de derechos.
- Retrato de Ulrico Zuinglio, del pintor suizo Hans Asper. La imagen reproducida está libre de derechos.
- Retrato de Juan Calvino atribuido al pintor alemán Hans Holbein el Joven. La imagen reproducida está libre de derechos.
- Melanchthon leyendo la Confesión de Augsburgo ante Carlos V. La imagen reproducida está libre de derechos.
- Representación de la matanza de San Bartolomé según el pintor François Dubois, que se encuentra en el Museo Cantonal de Bellas Artes de Lausana, Suiza. La imagen reproducida está libre de derechos.

PELÍCULAS Y SERIES

- *Lutero*. Dirigida por Guy Green, con Stacy Keach, Patrick Magee y Hugh Griffith. Reino Unido, 1974.
- *La reina Margot*. Dirigida por Patrick Chéreau, con Isabelle Adjani, Daniel Autueil y Vincent Pérez. Francia, Alemania e Italia, 1994.
- *Las hermanas Bolena* (*The other Boleyn girl*). Dirigida

por Justin Chadwick, con Natalie Portman, Scarlett Johansson y Eric Bana. Estados Unidos y Reino Unido, 2008.
- *Los Tudor.* Serie dirigida por Michael Hirst, con Jonathan Rhys Myers, Henry Cavill y Natalie Dormer. Canadá e Irlanda, 2007-2010.

MUSEOS Y EDIFICIOS CONMEMORATIVOS

- La iglesia protestante de Bruselas-Museo, Capilla real en Bruselas, Bélgica.
- El memorial hugonote de la isla Santa Margarita en Cannes, Francia.
- El museo Abraham Hans en Horebeke, Bélgica.
- El museo del protestantismo de la Reforma a la laicidad en La Ramade, Francia.
- El museo Juan Calvino en Noyon, Francia.
- El museo rochelais de historia protestante en La Rochelle, Francia.
- El museo virtual del protestantismo francés (www.museeprotestant.org).
- La sociedad de historia del protestantismo en París, Francia.